AF563763

L44b
1150

CÉRÉMONIAL

POUR

LE BAPTÊME DU ROI DE ROME.

CÉRÉMONIAL

POUR

LE BAPTÊME

DU ROI DE ROME.

LE neuf juin, à six heures du matin, une salve d'artillerie annoncera la Fête.

A dix heures du matin, la Garde impériale, sous les ordres de S. Exc. M. le Duc *de Frioul,* Grand-Maréchal du Palais, occupera tous les postes de la cathédrale.

Les portes s'ouvriront à deux heures.

L'Église sera disposée de la manière suivante :

En dehors de la porte, il sera construit un porche en forme de tente, sous lequel le cortége passera ; ce porche sera soutenu par des colonnes, et orné de draperies et de guirlandes.

On construira, dans l'intérieur du chœur, un rang de tribunes destinées au Corps diplomatique, aux Princes étrangers, aux Députés des bonnes villes, aux femmes des Ministres et des grands Officiers de l'Empire, aux Maisons de la Famille impériale.

Près du sanctuaire, dans le chœur, on placera une estrade

surmontée d'un dais : les fauteuils de l'EMPEREUR et de l'IMPÉRATRICE seront sur cette estrade ; LL. MM. y monteront par trois marches. L'estrade sera couverte d'un tapis de velours.

A droite et à gauche du trône, il y aura des chaises pour les Princes et Princesses de la Famille, et des tabourets pour les Princes Grands-Dignitaires.

A droite et à gauche dans le chœur et dans la nef, on placera des banquettes pour les grands Corps de l'État, les Cours, les Corps assistant à la cérémonie, et pour les personnes invitées.

On étendra des tapis depuis la porte de l'église jusqu'au sanctuaire.

Les tribunes du chœur et de la nef seront ornées de draperies.

Dans la tribune placée au-dessus de l'autel, on établira un orchestre pour la musique.

Les fonts baptismaux seront placés près du sanctuaire.

A vingt pieds de la grille du chœur, on placera deux fauteuils et deux prié-dieu pour LL. MM., qui s'y arrêteront pendant la cérémonie des catéchumènes.

A droite et à gauche des fonts baptismaux, on placera deux tables couvertes de tapis de velours : celle de droite sera destinée à recevoir les honneurs des Parrain et Marraine ; la seconde, les honneurs de l'Enfant : près de celle-ci il y aura un fauteuil sur lequel on étendra le manteau du Roi de Rome, pendant la cérémonie.

A l'entrée de la nef, près du portail à droite, on placera une table couverte de velours, sur laquelle on déposera, avant l'arrivée du cortége, les honneurs et le manteau de l'Enfant, pour être remis, par un Aide des cérémonies, aux personnes désignées pour les porter, quand elles descendront de voiture.

Les honneurs de l'Enfant sont,

Le Cierge,
Le Chrémeau,
La Salière;

Les honneurs des Parrain et Marraine,

Le Bassin,
L'Aiguière,
La Serviette.

Ces honneurs seront gardés, jusqu'à l'arrivée du cortége, par quatre grenadiers de la garde.

L'église sera éclairée par vingt-quatre lustres.

A quatre heures, le Sénat partira de son palais; le Conseil d'état, des Tuileries; le Corps législatif, de son palais; la Cour de cassation, la Cour des comptes, le Conseil de l'Université, la Cour impériale, du lieu ordinaire de leurs séances; le Corps municipal de Paris, et les Maires et Députés des villes, de l'Hôtel-de-ville.

Ces corps seront placés par les Maîtres et Aides des cérémonies, suivant leur rang, à droite et à gauche du trône, depuis le chœur jusqu'au milieu de la nef.

Le Corps diplomatique sera invité à partir à cinq heures, pour se rendre à la tribune qui lui est destinée.

A cinq heures et demie, l'EMPEREUR partira du palais des Tuileries, pour se rendre à Notre-Dame, par le jardin des Tuileries, la place et la rue de la Concorde, le boulevart, la rue Saint-Denis, la place du Châtelet, le Pont-au-Change, la rue de la Barillerie, celles du Marché-Neuf et du Parvis Notre-Dame.

Des salves d'artillerie annonceront le départ de LL. MM. du palais des Tuileries, et leur arrivée à Notre-Dame.

Le cortége de S. M. marchera dans l'ordre suivant :

M. le Commandant de Paris, à cheval, avec son État-major.

Les Hérauts d'armes, à cheval;

Une voiture pour les Maîtres et Aides des cérémonies;

Une voiture pour les Préfets du Palais, de service;

Sept voitures pour les Chambellans de service ordinaire et extraordinaire, et pour les deux premiers Aumôniers;

Deux voitures pour les Grands-Aigles de la Légion d'honneur;

Quatre voitures pour les Grands-Officiers de l'Empire;

Quatre voitures pour les Ministres;

Six voitures pour les Dames du Palais;

Une voiture pour le Grand-Chambellan, le Grand-Écuyer et le Grand-Maître des cérémonies;

Deux voitures pour les Princes Grands-Dignitaires;

Quatre voitures pour les Princes et Princesses de la Famille impériale;

La voiture de l'IMPÉRATRICE, dans laquelle seront :

Le Roi de Rome;

Mme la Gouvernante, les Sous-Gouvernantes, et la Nourrice;

La voiture de l'EMPEREUR, dans laquelle seront :

Leurs Majestés Impériales;

Une voiture pour le Grand-Maréchal et le Grand-Veneur;

Une voiture pour la Dame d'honneur, la Dame d'atours, le Chevalier d'honneur et le premier Écuyer de l'IMPÉRATRICE;

Les voitures des Princes et Princesses, dans lesquelles seront les Dames et Officiers de service près LL. AA. II.

La voiture de l'EMPEREUR et celle de l'IMPÉRATRICE seront attelées de huit chevaux.

Toutes les autres voitures du cortége seront à six chevaux.

Les Maréchaux faisant le service de Colonels généraux de la garde, seront à cheval près les portières de la voiture de l'EMPEREUR;

Le Maréchal commandant la gendarmerie, à cheval derrière la voiture de Sa Majesté;

Les Aides-de-camp à la hauteur des chevaux;

Les Écuyers à la hauteur des roues de derrière;

Les Officiers d'ordonnance à la hauteur des premiers chevaux de la voiture de Leurs Majestés;

Les Pages, montés devant et derrière la voiture de Leurs Majestés et celle où sera le Roi de Rome.

Tous les Aides-de-camp et tous les Écuyers de service ordinaire et extraordinaire seront à cheval.

Les Écuyers des Princes et Princesses de la Famille seront à cheval à côté des voitures de LL. AA. II.

Le Grand-Écuyer, ou, en son absence, le premier Écuyer, dirigera tout le cortége, et sera à cheval près de la portière droite de la voiture de l'EMPEREUR.

Le cortége sera ouvert et fermé par des escadrons de la Garde impériale.

Une haie de troupes bordera le chemin depuis le palais des Tuileries jusqu'à Notre-Dame.

A l'arrivée du cortége, S. Ém. le Cardinal Grand-Aumônier, accompagné de son Clergé, viendra au-devant de LL. MM. à la porte de l'église, avec un dais pour l'EMPEREUR et un dais pour l'IMPÉRATRICE.

Le Chapitre et le Clergé de la cathédrale resteront dans le sanctuaire.

Les personnes désignées pour porter les honneurs s'approcheront de la table où ils sont déposés, et les recevront des mains d'un Aide des cérémonies.

Le Grand-Officier chargé de porter la queue du manteau du Roi de Rome, ira également recevoir ce manteau près de la table où il est déposé.

Le cortége sera mis en ordre par les Maîtres et Aides des cérémonies, à mesure qu'il descendra de voitures, et marchera dans l'ordre suivant :

Les Huissiers,

Les Hérauts d'armes,

Le Chef des Hérauts d'armes,

Les Pages,

Les Aides des cérémonies, les Officiers d'ordonnance, de service.

Les Maîtres des cérémonies,

Les Préfets du Palais, de service,

Les Officiers de service près le Roi de Rome;

Les Écuyers de l'EMPEREUR, de service ordinaire et extraordinaire;

Les Chambellans de service ordinaire et extraordinaire;
Les Écuyers de jour;
Les Chambellans de jour;
Le premier Écuyer;
Les Grands-Aigles de la Légion d'honneur;
Les Grands-Officiers de l'Empire;
Les Ministres;

Le Grand-Chambellan, le Grand-Écuyer et le Grand-Maître des cérémonies;

N. portant le Cierge,
N. portant le Chrémeau,
N. portant la Salière,
N. portant le Bassin,
N. portant l'Aiguière,
N. portant la Serviette,

Ces Dames marcheront sur deux de front, les honneurs des Parrain et Marraine à droite, et ceux de l'Enfant à gauche.

Les Parrain et Marraine.

Le Roi de Rome porté par la Gouvernante, et revêtu d'un manteau de tissu d'argent doublé d'hermine, ayant à droite et à gauche les deux Sous-Gouvernantes et sa Nourrice, la queue du manteau de S. M. portée par un Grand-Officier.

L'IMPÉRATRICE sous son dais, la queue du manteau de S. M. portée par son premier Écuyer;

La Dame d'honneur et la Dame d'atours, à droite et à gauche du dais, ainsi que le Chevalier d'honneur et le premier Aumônier.

Derrière le dais de S. M., les Princesses.

Le manteau de chacune des Princesses, porté par un Officier de sa maison.

Les Dames du palais.

Les Grands-Dignitaires;

Les Princes.

L'EMPEREUR sous son dais.

A droite et à gauche du dais, les Aides-de-camp de S. M.

Derrière le dais de S. M., le Colonel général de la garde, de service, le Grand-Maréchal et le premier Aumônier.

Les Dames d'honneur des Princesses.

Les Dames et Officiers de service près LL. AA. II.

En arrivant à la croisée de l'église, toutes les personnes qui précèdent Leurs Majestés, se rangeront à droite et à gauche.

Leurs Majestés se rendront à leurs prié-dieu.

Les Ministres et les grands Officiers de l'Empire, et les Dames portant les honneurs, lorsque Leurs Majestés seront arrivées à leurs prié-dieu, iront occuper les places qui leur sont destinées; les Ministres à droite, et les grands Officiers à gauche, ainsi qu'il sera détaillé ci-après.

A droite et à gauche de Leurs Majestés, les Princes et Princesses se placeront selon leur ordre de famille, et de la manière suivante :

A droite de l'EMPEREUR, le Roi de Rome, porté par la Gouvernante;

Derrière la Gouvernante, les deux Sous-Gouvernantes et la Nourrice ;

A la droite du Roi de Rome, le Parrain ; immédiatement après lui, la Marraine ;

A la droite de la Marraine,

Le Prince Joseph-Napoléon, Roi d'Espagne ;
Le Prince Jérôme-Napoléon, Roi de Westphalie ;
Le Prince Borghèse, Duc de Guastalla ;
Le Prince Eugène, Vice-Roi d'Italie, Grand-Duc héréditaire de Francfort ;
Le Duc de Parme, Prince Archichancelier de l'Empire ;
Les Dames portant les honneurs des Parrain et Marraine.
A la gauche de l'EMPEREUR,

L'IMPÉRATRICE ;

La Princesse Julie, Reine d'Espagne ;
La Reine Hortense ;
La Princesse Pauline, Duchesse de Guastalla ;
Le Prince de Neuchâtel et de Wagram, Vice-Connétable ;
Le Prince de Bénévent, Vice-Grand-Électeur ;
Les Dames portant les honneurs de l'Enfant ;

Les Ministres, en avant et à la droite de l'EMPEREUR, et en arrière des Princes ;

Les Grands-Officiers de l'Empire et les Grands-Aigles de la Légion, vis-à-vis des Ministres, et en arrière des Princesses.

Derrière l'EMPEREUR, le Colonel général de la Garde, le

Grand-Maréchal, le Grand-Écuyer, le premier Aumônier de l'EMPEREUR.

Derrière le fauteuil de l'IMPÉRATRICE, la Dame d'honneur, la Dame d'atours, le Chevalier d'honneur, le premier Écuyer et le premier Aumônier de S. M.

Les Dames du Palais, derrière la Dame d'honneur et la Dame d'atours.

Les Dames d'honneur des Princesses et les Officiers chargés de porter leurs manteaux, derrière LL. AA.; les Officiers de la Maison de l'EMPEREUR, derrière les Grands-Officiers de la Couronne; les Officiers des Princes et Princesses, derrière les Dames du Palais.

Les Officiers d'ordonnance, après les Officiers de la Maison.

Le Grand-Maître des cérémonies, à droite, un peu en avant du prié-dieu de l'EMPEREUR.

Les Maîtres et Aides des cérémonies, les uns à droite du Grand-Maître, et un peu en avant; les autres à gauche, vis-à-vis d'eux.

Les Hérauts d'armes, en dedans du chœur, près de la grille; les uns du côté du Sénat, les autres du côté du Conseil d'état.

Les Pages et les Huissiers, derrière les Officiers de la Maison, à droite et à gauche, le long de la nef.

Pendant que LL. MM. feront leurs prières, le Clergé se rendra dans le sanctuaire.

S. Ém. le Grand-Aumônier entonnera le *Veni Creator*, qui sera exécuté par l'orchestre.

Pendant le *Veni Creator*, les Dames portant les honneurs

s'avanceront vis-à-vis le trône de l'EMPEREUR, feront une profonde révérence à LL. MM., et iront déposer les honneurs sur les crédences placées dans le sanctuaire pour les recevoir, les honneurs des Parrain et Marraine à droite, et ceux de l'Enfant à gauche.

Ces Dames seront précédées par un Maître et un Aide des cérémonies.

A la fin du *Veni Creator,* un Maître et un Aide des cérémonies feront une révérence à l'autel et à LL. MM., et précéderont le Grand-Aumônier, qui se rendra à l'entrée du chœur auprès du Roi de Rome, et fera la cérémonie des catéchumènes.

Après cette cérémonie, le Grand-Maître ayant prévenu LL. MM., le Cardinal conduira l'Enfant par les langes dans le chœur; et toutes les personnes qui seront à droite et à gauche de LL. MM. et du Roi de Rome, et derrière eux, marcheront en avant dans le même ordre où elles sont placées, et entreront dans le chœur pour y occuper, autour du trône, les mêmes places qu'elles occupaient autour des prié-dieu.

LL. MM. iront prendre leurs places sur leur trône.

Les Pages, les Hérauts d'armes et les Huissiers resteront, en dedans et en dehors de la grille du chœur, à leurs premières places.

Tout le cortége étant ainsi placé, le Cardinal Grand-Aumônier fera la cérémonie du baptême, ainsi qu'elle est détaillée dans le cérémonial religieux qui se trouve à la fin de ce programme.

Les cérémonies du baptême étant terminées, le Grand-Maître des cérémonies fera une révérence à LL. MM. et au Roi de

Rome ; Mme la Gouvernante remettra le Roi de Rome entre les mains de l'IMPÉRATRICE. Le Chef des Hérauts d'armes s'avancera près de la grille du chœur, et criera trois fois :

VIVE LE ROI DE ROME!

Pendant ce temps, l'IMPÉRATRICE sera debout, tenant son Enfant élevé sur ses bras ; l'orchestre exécutera le *Vivat*.

Après cette proclamation, la Gouvernante, ayant repris l'Enfant des mains de l'IMPÉRATRICE, fera une révérence à l'EMPEREUR pour prendre ses ordres; et le Roi de Rome, accompagné de son cortége, sortira par la sacristie pour aller à l'archevêché, d'où il partira pour retourner aux Tuileries *.

A la fin du *Vivat*, S. Ém. M. le Grand-Aumônier se rendra au pied de l'autel, et entonnera le *Te Deum*, qui sera exécuté par l'orchestre.

Après le *Te Deum*, on chantera le *Domine salvum*, et S. Ém. donnera la bénédiction épiscopale.

Après la bénédiction, l'EMPEREUR et l'IMPÉRATRICE se mettront à genoux sur leurs prié-dieu.

Pendant la prière de LL. MM., les personnes qui forment le cortége prendront leur rang dans le chœur et dans la nef; les Princesses marcheront dans ce cortége en avant du dais de l'IMPÉRATRICE, afin de pouvoir prendre leurs voitures avant LL. MM.

---

* Pour son retour aux Tuileries, le Roi de Rome aura trois voitures : deux Chambellans seront dans la première ; le Roi, la Gouvernante, les Sous-Gouvernantes et la Nourrice, dans la seconde ; deux Chambellans seront dans la troisième ; un Aide-de-camp de l'Empereur et deux Écuyers seront à cheval aux deux portières de la voiture où sera S. M.

Le cortége sera ouvert et fermé par un escadron de la garde à cheval.

Son Éminence le Cardinal Grand-Aumônier, précédé de son Clergé, se rendra auprès de l'EMPEREUR et de l'IMPÉRATRICE.

LL. MM. entreront sous leurs dais, et seront reconduites par Son Éminence jusqu'à la porte de l'église.

L'EMPEREUR et l'IMPÉRATRICE remonteront dans leur voiture et se rendront à l'Hôtel-de-ville.

Des salves d'artillerie annonceront le départ de LL. MM. de Notre-Dame.

Le Cortége, pour aller à l'Hôtel-de-Ville, passera par la rue du Parvis Notre-Dame, celles du Marché-Neuf, de la Barillerie, le Pont-au-Change, le quai de Gèvres, le quai Pelletier et la place de Grève.

CÉRÉMONIAL RELIGIEUX.

La cérémonie du baptême se fait le Père présent, et l'Enfant est présenté par le Parrain et la Marraine.

Le Parrain est à la droite de l'Enfant, et la Marraine est à la gauche.

Le Grand-Aumônier, revêtu du rochet, de la chape, de l'étole et de la mitre, recevra l'Enfant à la balustrade du sanctuaire.

Le Parrain et la Marraine s'y étant rendus, il leur fera les questions suivantes, étant couvert :

D. Quel enfant présentez-vous à l'Église?

R. Le Parrain répondra : Un fils.

D. Que demande-t-il?

R. Le baptême.

D. Êtes-vous le Parrain et la Marraine?

R. Oui, Monsieur.

D. Voulez-vous vivre et mourir en la foi de l'Église catholique, apostolique et romaine ?

R. Oui, Monsieur, moyennant la grâce de Dieu.

D. Quel nom donnez-vous à cet enfant?

R. N.

Ensuite, étant toujours couvert, il soufflera trois fois doucement sur le visage de l'enfant, en disant une fois seulement :

Recede, immunde spiritus, ab hac imagine Dei, et da locum Spiritui sancto.

Puis il formera avec le pouce le signe de la croix sur le front de l'Enfant, en disant :

N. signum sanctæ Crucis Salvatoris Domini nostri ✠ Jesu-Christi fronti tuæ imprimo.

Ensuite, faisant un signe de croix sur la poitrine de l'Enfant, il dira :

N. signum sanctæ Crucis Salvatoris Domini nostri ✠ Jesu Christi pectori tuo imprimo.

Puis il se découvrira et dira les oraisons suivantes dans le Rituel :

Preces nostras &c.

Omnipotens sempiterne Deus &c.

Deus qui humani generis &c.

Après ces oraisons, le célébrant se couvrira ; et prenant du sel béni, il en mettra un peu dans la bouche de l'Enfant, en disant :

N......, *accipe sal sapientiæ, ut Deo placeas et eum propitium habeas in vitam æternam. Amen.*

Ensuite il se découvrira et dira :

℣ *Dominus vobiscum.*

℟ *Et cum spiritu tuo.*

OREMUS.

Deus patrum &c. (Rituel.)

Deus Abraham &c. (Ibid.)

Il se couvrira ; et étendant la main droite sur la tête de l'Enfant, sans le toucher, il fera l'exorcisme suivant :

Exorcizo te, &c. (Rituel.)

Puis se découvrant, et tenant toujours sa main droite élevée sur la tête de l'Enfant, il dira :

OREMUS.

Æternam, &c. (Rituel.)

Après cette oraison, le Célébrant se couvrira, et mettra la main droite sur la tête de l'Enfant, le touchant légèrement ; et le Parrain et la Marraine ayant mis aussi leurs mains droites sur la poitrine de l'Enfant, de côté et d'autre, en sorte qu'elles ne se touchent point, le Célébrant fera, d'un ton plus élevé, l'exorcisme suivant :

Nec te lateat, Satana, &c.

L'exorcisme fini, ils ôteront tous les trois leurs mains de dessus l'Enfant ; ensuite le Célébrant, toujours couvert, prendra avec le pouce de la main droite, un peu de salive de sa bouche, et en mettra d'abord sur les deux oreilles de l'Enfant *(ici les Sous-Gouvernantes découvrent les oreilles de l'Enfant)*, en formant dessus le signe de la croix, et disant : *Ephpheta* ✝ *quod est adaperire* ✝ ; et ensuite sur les narines, en disant : *In odorem* ✝ *suavitatis ; tu autem effugare, diabole : appropinquabit enim judicium Dei.*

Il prendra ensuite l'Enfant par ses langes, et le tirera doucement, en disant :

Ingredere in templum Dei.

Puis, étant découvert, il ira avec le Parrain et la Marraine aux fonts baptismaux, où il les avertira de réciter debout, et avec lui, le symbole en français.

Je crois en Dieu &c.

Ensuite le Parrain et la Marraine ayant reçu l'Enfant et le tenant droit devant les fonts baptismaux, le Célébrant s'étant couvert, leur fera les interrogations suivantes, en appelant l'Enfant par son nom.

D. N..., renoncez-vous à satan?

R. Le Parrain et la Marraine répondront pour lui : J'y renonce.

D. Et à toutes ses œuvres?

R. J'y renonce.

D. Et à toutes ses pompes?

R. J'y renonce.

(Ici les Sous-Gouvernantes découvrent la poitrine et les épaules de l'Enfant.)

Le Célébrant s'étant découvert et ayant pris avec le stilet destiné à cet usage de l'huile des catéchumènes, il oindra l'Enfant en forme de croix, d'abord sur la poitrine, en disant : *Ego te linio* ✝ *oleo salutis ;* ensuite entre les épaules : *In Christo Jesu* ✝ *Domino nostro, ut habeas vitam æternam. Amen.*

Il essuiera avec des boules de coton les parties du corps de l'Enfant qu'il aura ointes, quittera l'étole violette pour prendre la blanche; puis nommant l'Enfant par son nom, il lui fera les demandes suivantes auxquelles le Parrain et la Marraine répondront :

D. Croyez-vous en Dieu le Père tout-puissant, créateur du ciel et de la terre?

R. J'y crois.

D. Croyez-vous en Jésus-Christ son fils?

R. J'y crois.

D. Croyez-vous au Saint-Esprit ?

R. J'y crois.

Ensuite il prendra du saint-chrême avec le stilet et dira :

OREMUS.

Deus omnipotens &c.

Il fera l'onction en forme de croix sur le sommet de la tête de l'Enfant, en disant : *Ipse te liniat ✠ chrismate salutis in eodem Christo Jesu Domino nostro in vitam æternam. Amen.*

Il essuiera avec du coton la partie de l'Enfant qui aura été ointe.

Ensuite il lui mettra sur la tête le chrémeau, dont il fera la bénédiction, s'il n'a pas été béni. *(Rituel.)*

En mettant le voile sur la tête de l'Enfant, il dira :

N..... *accipe vestem candidam, quam immaculatam perferas ante tribunal Domini nostri Jesu-Christi, ut habeas vitam æternam. Amen.*

(Ici les Sous-Gouvernantes essuient la tête de l'enfant et la couvrent.)

Il présentera ensuite le cierge allumé au Parrain et à la Marraine et dira à l'Enfant :

N...., *accipe lampadem ardentem. et irreprehensibilis custodi baptismum tuum, serva Dei mandata, ut cùm Dominus ad nuptias venerit, possis ei occurrere unà cum omnibus sanctis et electis in aula cœlesti, habeasque vitam æternam. Amen.*

Puis on portera l'Enfant devant l'autel, où le Parrain et la Marraine réciteront debout, en son nom, avec le Célébrant, l'oraison dominicale en français :

Notre Père qui êtes aux cieux &c.

Ensuite le Grand-Aumônier mettra les deux extrémités de son étole, en forme de croix, sur la tête de l'Enfant, et dira, étant découvert, l'évangile de Saint-Jean, en la manière accoutumée.

L'évangile étant fini, il ôtera son étole de dessus l'Enfant et la lui fera baiser, en disant :

Benedictio Dei omnipotentis Patris ✝ et Filii et Spiritûs Sancti, descendat super te, et maneat semper. ℟ *Amen.*

Le Grand-Maître des cérémonies,

LE COMTE DE SÉGUR.

À PARIS, DE L'IMPRIMERIE IMPÉRIALE. Juin 1811.

www.ingramcontent.com/pod-product-compliance
Lightning Source LLC
LaVergne TN
LVHW020259230826
846091LV00006B/2483

* 9 7 8 2 0 1 3 6 5 2 6 1 2 *